AF440415

BUREAU D'ÉTUDES PARLEMENTAIRES

15, rue de la Ville-l'Évêque

LES

RECETTES DOUANIÈRES

DES PRINCIPAUX PAYS

COMPARÉES

AVEC L'ENSEMBLE DES RECETTES BUDGÉTAIRES

ET LE

MOUVEMENT DES IMPORTATIONS

PARIS

IMPRIMERIE ET LIBRAIRIE ADMINISTRATIVES ET CLASSIQUES

Paul DUPONT

4, RUE DU BOULOI, 4

1891

N° 25

BUREAU D'ÉTUDES PARLEMENTAIRES
15, rue de la Ville-l'Évêque

LES
RECETTES DOUANIÈRES

DES PRINCIPAUX PAYS

COMPARÉES

AVEC L'ENSEMBLE DES RECETTES BUDGÉTAIRES

ET LE

MOUVEMENT DES IMPORTATIONS

PARIS

IMPRIMERIE ET LIBRAIRIE ADMINISTRATIVES ET CLASSIQUES
Paul DUPONT
4, RUE DU BOULOI, 4

1891

BUREAU D'ÉTUDES PARLEMENTAIRES
15, rue de la Ville-l'Évêque.

LES
RECETTES DOUANIÈRES
DES PRINCIPAUX PAYS

COMPARÉES

Avec l'ensemble des Recettes budgétaires

ET LE

Mouvement des Importations

Au moment où les Chambres se consacrent à la discussion d'un nouveau tarif de douanes, il peut être intéressant de comparer la situation faite à notre pays par le tarif actuellement en vigueur à la situation que créent aux pays étrangers leurs régimes douaniers respectifs. Il ne saurait être question toutefois de tirer de cette enquête, quelque instructive qu'elle puisse être, des conclusions d'une rigueur absolue. Celui qui veut, en effet, se livrer à une étude de cette nature ne doit pas se borner à prendre les chiffres tels que les lui fournissent les documents statistiques, il doit les soumettre à un sérieux examen, à un contrôle minutieux et tenir compte de bien des éléments dont beaucoup, par leur complexité intime, échappent en partie à l'analyse. C'est ainsi que lorsqu'on veut établir la proportion des charges douanières dans les différents pays, soit par rapport au total des recettes budgétaires ou à celui des importations, soit en calculant ce que ces charges représentent par tête d'habitant, on s'expose à de grosses erreurs, si l'on n'envisage l'origine même des chiffres en même temps que leur grandeur. Quelques rapides exemples montreront de suite toute la difficulté du problème et nous prémuniront contre ses écueils.

Le tableau ci-dessous résume pour sept pays : 1° États-Unis, 2° Allemagne, 3° Grande-Bretagne, 4° Italie, 5° Russie, 6° France, 7° Belgique, les résultats obtenus au cours du dernier exercice connu, ou encore les prévisions établies pour l'année qui vient de se terminer. L'ordre adopté ici n'est pas arbitraire, il correspond à l'importance apparente des recettes douanières, comparées à l'ensemble des recettes ordinaires du budget.

PAYS.	ANNÉES.	PRODUIT des douanes.	Recettes ordinaires du budget.	DOUANES: 0/0 des recettes budgétaires.	IMPORTATIONS (commerce spécial).	DOUANES: 0/0 des importations.	POPULATION.	SOMME perçue par tête.	OBSERVATIONS.
		millions de francs	millions de francs		millions de francs		millions	fr. c.	
États-Unis. . .	1889	1.148	2.320	49,00	3.945	29,00	62	19.15	Recettes fédérales seulement.
Allemagne. . .	»	357	1.092	32,70	5.000	7,15	50	7.15	Idem.
Grande - Bretagne. . . .	»	517	2.233	23,15	8.913	5,80	38	13.80	
Italie.	1890	276	1.850	14,30	1.440	19,20	31	8.90	
Russie.. . . .	1889	346	2.318	14,09	1.097	31,40	94	3.60	Mouvement d'Europe seulement.
France	»	356	3.108	11,05	4.317	8,20	39	9,25	Recettes douanières proprement dites.
Belgique. . . .	»	31	333	9,03	1.557	2,00	6	5.01	

Si l'on s'en tenait à ces indications sommaires on pourrait considérer comme établis les faits suivants :

1° La France se range parmi les pays où l'impôt douanier représente la moindre part des recettes budgétaires. Presque partout ailleurs la douane fournit une proportion beaucoup plus forte : elle est plus que double en Angleterre, presque triple en Allemagne, quadruple aux États-Unis..

2° La France figure également parmi les pays où les objets d'importation sont le moins lourdement taxés.

Ils le sont quatre fois plus en Russie, aux États-Unis trois fois et demie, en Italie deux fois et demie autant. En Allemagne le taux 0/0 n'est pas beaucoup au-dessous du nôtre; en Angleterre il est moins élevé d'un quart : la différence n'est pas énorme ; seule la Belgique paraît être sous ce rapport dans une situation beaucoup plus avantageuse; les recettes douanières y représentent environ 2 0/0 du total des importations, soit quatre fois moins qu'en France.

3° Même observation pour la somme que paye en moyenne chaque Français au Trésor du chef des taxes douanières. Ici encore les États-Unis tiennent la tête, l'Américain supporte une charge plus que double de la quote-part du Français ; l'Anglais paye près de moitié en sus, l'Italien presque autant, l'Allemand un quart en moins, le Belge presque moitié moins et le Russe un tiers environ.

L'impression d'ensemble est en somme celle-ci : en France, l'impôt paraît relativement modéré, au triple point de vue du total des taxes budgétaires, du total des importations, du taux moyen de perception par tête.

Mais si, au lieu de prendre ces chiffres en eux-mêmes, on procède à un examen plus détaillé, on ne tarde pas à reconnaître que ces conclusions sont excessives et souvent erronées. C'est ce que nous nous efforcerons de prouver au cours de cette étude, qui, suivant le plan précédemment adopté, se divisera tout naturellement en trois parties.

I.

Proportion des produits des douanes dans l'ensemble des recettes du budget.

C'est aux *États-Unis* que cette proportion est la plus élevée. Les recettes douanières représentent dans l'ensemble du budget une somme considérable.

Voici d'ailleurs un tableau donnant les chiffres absolus pour les cinq dernières années, on aura de la sorte une impression plus complète des choses :

ETATS-UNIS.

ANNÉES.	RECETTES douanières.	RECETTES fédérales.	PROPORTION 0/0.
	millions de fr.	millions de fr.	
1885-86.	965	1.682	59
1886-87.	1.072	1.857	58
1887-88.	1.085	1.896	58
1888-89.	1.119	1.935	57
1889-90.	1.148	2.320	49

N. B. — L'année fiscale commence au 1er juillet et finit au 30 juin.

D'après ce tableau, le produit des douanes américaines fournit en moyenne au budget fédéral plus de 50 0/0 de ses ressources, proportion énorme si on la rapproche de celle que montre, pour la France, le tableau suivant :

FRANCE.

ANNÉES.	RECETTES des douanes.	RECETTES du budget.	PROPORTION 0/0.	OBSERVATIONS.
	millions de francs.	millions de francs.		
1885.	369	3.056	12,1	Pour les années 1888 et 1889 le chiffre des recettes budgétaires est celui des évaluations (budget ordinaire).
1886.	325	2.940	11,1	
1887.	335	2.968	11.3	
1888.	381	2.976	12,8	
1889.	356	3.012	11,8	

Ainsi, dans les recettes du budget ordinaire de l'État français, le produit des douanes entre pour 11 à 12 0/0 seulement, contre 50 à 60 0/0 dans le budget fédéral des États-Unis. A première vue, la différence est considérable, en réalité, elle est beaucoup moindre qu'elle ne paraît.

C'est qu'il existe entre les États-Unis et la France une différence profonde, capitale.

La France est un pays essentiellement centralisé ; aux États-Unis le gouvernement central est réduit, si l'on peut s'exprimer ainsi, à sa plus simple expression. Il en résulte que les recettes fédérales inscrites au tableau ci-dessus ne sont nullement comparables aux nôtres. Elles ne représentent qu'une fraction des recettes publiques, et probablement la plus faible.

Probablement, disons-nous, parce que le chiffre total des budgets d'États, n'est pas connu, encore moins celui des budgets locaux (1). Cependant les renseignements recueillis par l'*American Statistical Association* (numéro de décembre 1889) établissent que 17 États sur 45 dont se compose l'Union américaine réunissent à eux seuls 125 millions de dollars, soit 625 mil-

(1) Les Américains tiennent si jalousement à leur autonomie, qu'ils prennent ombrage de toute enquête tentée par l'Administration fédérale dans le domaine des affaires particulières des États.

lions de francs, de taxes locales (recettes des Etats et recettes des comtés réunies), et ces États représentent à peu près le tiers de la population totale de l'Union. Pour établir une comparaison utile entre ce pays et le nôtre, il faut évidemment tenir compte de cet état de choses, qui rend tout à fait fausse la proportion établie dans notre tableau général de la page 4.

En réalité, la proportion entre le produit des douanes et l'ensemble des recettes doit tomber sensiblement au-dessous de 30 0/0. C'est encore trois fois plus qu'en France, même en tenant compte dans une mesure beaucoup plus complète de nos taxes locales. Voici en effet le tableau correspondant pour notre pays :

FRANCE.

ANNÉES.	PRODUIT des douanes.	RECETTES bugétaires ordinaires.	TAXES département^{les} et communales.	REVENUS totaux.	PROPORTION 0/0.
	millions de fr.	millions de fr.	millions de fr.	millions de fr.	
1885	369	3.056	645	3.701	10.0
1886	325	2.940	644	3.584	9.1
1887	335	2.968	644	3.612	9.3
1888	381	2.976	653	3.629	10.5
1889	356	3.012	635	3.667	9.7

Pour les États-Unis la proportion tombe — il est du moins permis de le supposer — de 50 ou même 60 0/0 à 30 0/0. En France elle ne s'abaisse que de 11 à 12 0/0 à 9 ou 10 0/0. Encore une fois, cette proportion est beaucoup plus élevée aux États-Unis qu'en France, mais par suite du fait que nous venons de signaler, la différence réelle n'en est pas moins notablement plus faible que ne le faisait supposer un premier examen.

La même observation s'applique à l'Allemagne. Ici encore à côté du budget on trouve les budgets particuliers des États qui atteignent en moyenne un total de trois milliards et demi chaque année. Cela change du tout au tout la proportion indiquée dans notre premier tableau. Voici du reste les chiffres relevés pour les années 1885-1890 :

ALLEMAGNE.

ANNÉES.	RECETTES douanières.	RECETTES fédérales.	RECETTES des États.	TOTAL.	PROPORTION 0/0.
	millions de fr.	millions de fr.		millions de fr.	
1885-86.	291	710		3.916	7.5
1886-87.	318	768	3,500 millions de francs environ.	3.950	8.1
1887-88.	338	885		4.047	8.3
1888-89.	391	1.025		4.525	8.6
1889-90.	476	1.092		4.592	10.3

Dès lors, le tant pour cent, triple de celui de la France, dans notre premier tableau (32,7 0/0), s'en rapproche et tombe même un peu au-dessous. On ne peut trouver un exemple plus frappant des illusions de la statistique employée sans discernement.

La Grande-Bretagne semble aussi, dans notre tableau de la page 4, tirer des douanes une ressource proportionnellement beaucoup plus forte que la France. C'est que, ici encore, la même cause produit des effets analogues. L'Angleterre, pays de *self government* par excellence, puisque nous avons été réduit à lui emprunter ce mot qui n'avait point dans notre langue d'équivalent exact, ne donne au gouvernement central que des attributions aussi limitées que possible. Les pouvoirs locaux restent chargés de fonctions étendues, auxquelles ils font face par des voies et moyens à leur portée. Le tableau ci-dessous donnera mieux que toute autre explication une idée de l'importance de ces taxes locales, et de leur influence sur le tant pour cent des recettes douanières dans l'ensemble des ressources perçues sur le contribuable.

GRANDE-BRETAGNE.

ANNÉES.	RECETTES douanières.	RECETTES budgétaires.	RECETTES locales.	TOTAL.	PROPORTION 0/0.
	millions de fr.	millions de fr.	millions de fr.	millions de fr.	
1885-86.	496	2.240	876	3.116	15.91
1886-87.	507	2.269	1.145	3.414	14.85
1887-88.	495	2.246	1.165	3.411	14.51
1888-89.	505	2.212	»	»	»
1889-90.	517	2.233	»	»	»

N. B. — Les documents consultés n'ont pas permis d'établir, même approximativement, le chiffre des recettes locales pour les dernières années.

On voit de suite combien la proportion se trouve ainsi rapprochée de la nôtre, même en ajoutant aux chiffres de notre budget général ceux des budgets locaux. La proportion tombe en Angleterre de 23 0/0 à moins de 15 0/0; en France, elle tombe seulement de 11 0/0 à 10 0/0. Ici encore la démonstration est claire.

D'ailleurs une autre cause vient encore vicier la comparaison. En Angleterre, la fabrication des tabacs ne fait point l'objet d'un monopole, elle reste libre. Mais cet objet de consommation est lourdement taxé à l'entrée et le produit du droit figure parmi le revenu des douanes. En France, au contraire, l'impôt est presque exclusivement intérieur. Pour faire une comparaison exacte il y a donc lieu de distraire des chiffres donnés plus haut le produit des droits sur le tabac. Voilà le résultat que l'on obtient alors :

ANGLETERRE.

(Défalcation faite des droits sur le tabac.)

ANNÉES.	RECETTES des douanes.	RECETTES générales.	RECETTES locales.	TOTAL.	PROPORTION 0/0.
	millions de fr.	millions de fr.	millions de fr.	millions de fr.	
1885-86.	276	2.240	876	3.116	8.89
1886-87.	270	2.269	1.845	3.414	7.91
1887-88.	274	2.246	1.165	3.411	8.03
1888-89.	280	2.212	»	»	»
1889-90.	287	2.233	»	»	»

Cette fois, le résultat est complet, le chiffre anglais réellement comparable au chiffre français tombe d'un cinquième au-dessous de celui-ci. L'apparence s'est totalement évanoui ; et la réalité se montre sous un aspect absolument contraire. Notons, au surplus, que les chiffres ainsi obtenus sont encore trop élevés, car, en outre des ressources locales proprement dites, un grand nombre de corporations spéciales d'intérêt public, répandues sur toute la surface du Royaume-Uni, réalisent des recettes temporaires et variables mal déterminées par la statistique, ces recettes devraient s'ajouter au total de notre tableau et, par suite, abaisser encore la proportion indiquée.

3

Examinons maintenant les chiffres relatifs à l'Italie, le tableau suivant donne, pour les années 1885-86 à 1889-90, les recettes douanières comparées aux recettes ordinaires du budget.

ITALIE.

ANNÉES.	RECETTES des douanes.	RECETTES du budget.	PROPORTION 0/0.	OBSERVATIONS.
	millions de fr.	millions de fr.		Les recettes du budget comprennent le fermage des chemins de fer de l'Etat loués à des Compagnies (70 à 80 millions par an).
1885-86.	225	1.492	15.1	
1886-87.	164	1.537	10.7	
1887-88.	256	1.577	16.2	
1888-89.	195	1.615	12.1	L'année fiscale commence au 1er juillet, mais les recettes douanières données par le « Movimento commerciale del Regno d'Italia » sont celles effectuées pendant l'année dernière.
1889-90.	254	1.652	15.3	

N. B. — Les chiffres indiqués dans la seconde colonne de ce tableau, pour les années 1888-89 et 1889-90, sont ceux des évaluations budgétaires. Ils diffèrent assez sensiblement du chiffre réel des recettes. Ainsi, pour l'exercice 1888-89, le dernier dont le compte définitif ait été publié, l'estimation était de 1,801 millions, et les recettes effectuées se sont élevées à 1,866 millions (recettes extraordinaires comprises); mais il nous a été impossible, avec les documents dont nous disposions, de dégager les sommes rentrant respectivement dans le budget ordinaire et le budget extraordinaire.

Ces résultats se rapprochent des nôtres tout en leur restant un peu supérieurs (10 à 15 0/0 en Italie contre 10 à 12 0/0 en France). Sont-ils absolument comparables ? Oui, sauf les erreurs de chiffres et quelques divergences dans l'établissement des statistiques dans les deux pays. Cela tient à ce que nous ne remarquons pas entre la France et l'Italie ces variations profondes d'organisation, qui différencient nettement du nôtre les pays étudiés plus haut. En ajoutant au chiffre des recettes budgétaires celui des recettes locales la proportion reste en effet sensiblement la même.

Italie.

ANNÉES.	PRODUIT des douanes.	RECETTES du budget.	RECETTES locales (1).	TOTAL.	PROPORTION 0/0.
	millions de fr.	millions de fr.	millions de fr.	millions de fr.	
1885-86.	225	1.492	364	1.856	12.1
1886-87.	164	1.537	371	1.908	8.6
1887-88.	256	1.577	379	1.956	13.6
1888-89.	195	1.615	387	2.002	9.7
1889-90.	254	1.652	396	2.048	12.4

(1) Chiffres approximatifs pour les années postérieures à 1887, on les a obtenus en majorant chaque année d'une somme de 8 à 9 millions, moyenne constante de l'augmentation pour les années antérieures.

Ce tableau montre que, dans les deux pays, les recettes locales sont relativement peu considérables, et que, par suite, leur addition aux recettes budgétaires n'apporte pas, dans les chiffres, ces modifications énormes constatées pour les pays précédemment cités. Cependant, l'Italie est encore un État moins centralisé que la France ; ses recettes locales sont proportionnellement plus élevées que les nôtres, par suite le pourcentage des recettes douanières par rapport aux recettes totales s'abaisse un peu plus vite pour l'Italie que pour la France, mais en somme la différence est assez peu sensible (de 15 à 16 0/0, à 12 ou 13 0/0 en Italie, de 11 à 12 0/0 à 9 ou 10 0/0 en France).

En ce qui concerne la Russie, les éléments nous manquent pour établir une comparaison aussi complète. Voici tous les renseignements que nous avons pu réunir :

Russie.

ANNÉES.	RECETTES des douanes.	RECETTES du budget.	PROPORT. 0/0.	OBSERVATIONS.
	millions de fr.	millions de fr.		
1885.	233	1.835	12.7	La valeur du rouble
1886.	240	1.811	13.2	est comptée au cours
1887.	231	1.784	13.0	moyen de chaque année.
1888.	318	2.022	15.7	
1889.	345	2.318	14.9	

Le même tableau, établi en roubles, sans conversion en francs, en écartant par suite les variations produites par le cours du change, donne une impression plus uniforme.

RUSSIE.

(Valeurs en millions de roubles.)

ANNÉES.	RECETTES des douanes.	RECETTES du budget.	PROPORTION 0/0.
1885.	97	807	12.1
1886.	102	832	12.3
1887.	107	839	12.8
1888.	141	840	16.6
1889.	138	858	16.1

Ces deux tableaux révèlent d'abord une progression continue et presque régulière dans les chiffres de recettes douanières par rapport aux ressources du budget, cela tient à ce qu'en Russie comme dans bien d'autres États, les dépenses militaires vont sans cesse en croissant et représentent une part considérable des dépenses publiques. Pour y faire face le gouvernement fait de son tarif douanier un moyen fiscal avant tout. En second lieu, nous voyons que les recettes douanières tiennent dans le budget général russe une place proportionnellement plus large que dans le budget français. Cette relation peut être sensiblement modifiée par l'addition des recettes locales, car si la bureaucratie russe est, comme en France, largement développée, il n'en est pas moins certain que, grâce au régime social particulier de ce pays, l'autonomie locale y jouit en définitive d'attributions beaucoup plus étendues que chez nous. Les *zemstvos* de gouvernement, et les *zemstvos* de district, ainsi que les conseils de ville, ont à gérer des budgets dont l'ensemble représente un chiffre important. Les derniers connus sont les suivants :

Millions roubles.

Recettes des :

Zemstvos (1887). . . . . 47.

Villes (1887) 48.5

Communes rurales (46 provinces, 1881) 32.5

Total millions de roubles 128.0

Si nous ajoutons cet ensemble (incomplet) de ressources locales au chiffre du budget de 1889, nous obtenons un total de 986 millions de roubles, ce qui ramène la proportion des recettes douanières à 14 0/0 au lieu de 16 0/0.

Les chiffres fournis par les statistiques belges amènent à faire quelques constatations intéressantes. Prenons d'abord le tableau des recettes tel qu'il se présente au premier examen :

BELGIQUE.

ANNÉES.	RECETTES des douanes.	RECETTES du budget.	PROPORTION. 0/0.	OBSERVATIONS.
	millions de fr.	millions de fr.		
1885.	28	313	8.9	Le produit des che-
1886.	28	316	8.8	mins de fer de l'État
1887.	29	324	9.1	belge compte au budget
1888.	31	333	9 3	pour 120 à 130 millions
1889.	31	333	9.3	de francs par an.

Nous apercevons immédiatement dans ce tableau une grave cause d'erreur. Le budget des recettes comprend, pour 1/3 environ, le produit des chemins de fer de l'État, qui n'est nullement un produit fiscal. Pour rendre les chiffres comparables il faut donc déduire cet élément du chiffre indiqué plus haut, et dès lors la proportion change considérablement. Le tableau se présente ainsi :

BELGIQUE.

ANNÉES.	RECETTES des douanes.	RECETTES du budget.	PROPORTION 0/0.	OBSERVATIONS.
	millions de fr.	millions de fr.	millions de fr.	
1885.	28	193	14.5	Le produit des chemins
1886.	28	196	14.2	de fer de l'État est déduit
1887.	29	204	14.2	des recettes budgétaires
1888.	31	213	14.5	(120 millions par an en
1889.	31	213	14.5	moyenne).

4

Ainsi la Belgique, où la taxe douanière paraît sensiblement moins élevée qu'en France par rapport à l'ensemble des produits fiscaux présente, quand on va au fond des choses, le résultat contraire.

En revanche, les recettes locales, lorsqu'on en tient compte, étant, toute proportion gardée, un peu plus importantes que celles de la France dans l'ensemble du budget, les chiffres représentant dans les deux pays le tant pour cent des recettes totales se trouvent être sensiblement égaux. Voici le tableau qui résulte de cette combinaison :

BELGIQUE.

ANNÉES.	RECETTES des douanes.	RECETTES du budget.	RECETTES locales.	TOTAL.	PROPORTION 0/0.	OBSERVATIONS
	millions de fr.	millions de fr.	millions de fr.	millions de fr.		Les recettes locales sont calculées approximativement sur le dernier chiffre connu (1880), et déduction faite des produits domaniaux et des subventions de l'Etat etc.
1885. .	28	193	89	282	9 93	
1886. .	28	196	90	286	9.90	
1887. .	29	204	90	294	9.86	
1888. .	31	213	90	303	10.00	
1889. .	31	213	90	303	10.00	

Les résultats, auxquels avait semblé conduire l'examen du tableau de la page 4, sont donc loin d'être d'accord avec la réalité. La France paraissait demander à ses douanes une proportion de recettes fiscales inférieure à celle de tous les États étrangers à l'exception d'un seul. Un examen plus attentif établit que trois d'entre eux, toutes choses égales d'ailleurs, semblent demander relativement moins aux taxes douanières que la France, les trois autres exigent davantage, mais la différence est beaucoup moins sensible que les chiffres du premier tableau ne l'indiquaient. Une correction attentive était donc indispensable.

II.

Proportion du produit des douanes par rapport au chiffre des importations.

Si l'on se reporte au tableau du début, on voit que les pays cités, considérés à ce second point de vue, ne se rangent plus dans le même ordre que précédemment. Voici comment il convient de les disposer pour obtenir une liste offrant une gradation régulière :

PAYS.	ANNÉES.	IMPORTATION. (Comm. spéc.)	PRODUIT des douanes.	PROPORTION 0/0.
		millions de fr.	millions de fr.	
Russie. . . . . ,	1889.	1.097	346	31.40
États-Unis. . . . . , ,	» . , ...	3.945	1.148	29.00
Italie . . . . ,	1890	1.440	276	19.20
France. . . . . . . , ,	1889	4.300	356	8.20
Allemagne . . . . . , .	» . . , ...	5.000	357	7.15
Grande-Bretagne . . .	»	8.900	517	5.80
Belgique. . . , . . .	»	1.550	31	2.00

Cette fois la Russie vient en tête, avec des chiffres qui annoncent une taxation énorme à l'importation : plus de 31 0/0, tandis que la France, prise toujours comme point de comparaison ne frappe les produits importés sur son territoire que d'un droit moyen de 8 0/0. Ces proportions sont-elles réellement comparables entre elles ?

Il est à remarquer d'abord que les tarifs russes sont fréquemment remaniés avec une tendance à l'augmentation comme le prouve le tableau donné ci-dessous :

RUSSIE.

ANNÉES.	IMPORTATION.	PRODUIT des douanes.	PROPORTION 0/0.	OBSERVATIONS.
	millions de fr.	millions de fr.		
1885.	1.042	233	22.3	On a pris comme base
1886.	895	240	26.8	de conversion du rouble
1887.	834	231	27.7	le cours moyen annuel.
1888.	867	318	36.7	
1889.	1.097	345	31.4	

Les variations dans le cours du rouble déterminent dans le taux de proportion des différences qui s'atténuent quand on établit les calculs sur les chiffres en monnaie russe.

RUSSIE.

ANNÉES.	IMPORTATION	PRODUIT des douanes.	PROPORTION 0/0.
	millions de roubles.	millions de roubles.	
1885	434	97	22.4
1886	438	102	23.3
1887	393	107	27.2
1888	391	141	36.0
1889	437	138	31.6

Dans tous les cas, le caractère fiscal du tarif apparaît ici très nettement, comme dans les tableaux cités précédemment. (V. *Supra*, pp. 11 et 12.) A-t-il au même degré le caractère d'un tarif protectionniste ?

L'examen plus détaillé des faits indique d'abord que l'on peut diviser les importations russes en trois catégories de marchandises fort inégalement taxées ; ce sont :

1° Les matières premières ;

2° Les produits fabriqués ;

3° Les objets d'alimentation.

Les matières premières sont grevées de droits assez lourds, beaucoup moins cependant que les produits manufacturés, et surtout que les objets d'alimentation. Le tableau que voici en fournit la preuve bien nette :

RUSSIE.

ANNÉES.	MATIÈRES premières.	PRODUITS fabriqués.	ARTICLES d'alimentation.	OBSERVATIONS.
	0/0.	0/0.	0/0.	
1885	14	27	49	Les calculs sont éta-
1886	16	30	59	blis sur les valeurs en
1887	17	34	75	roubles.
1888	19	31	81	
1889	19	28	71	

On voit, d'après ce tableau, que les droits sur les objets d'alimentation sont énormes ; ces articles représentent, du reste, la moindre partie des importations russes.

RUSSIE.

ANNÉES.	PRODUITS manufacturés.	MATIÈRES premières.	OBJETS d'alimentation.
	Millions de roubles.	Millions de roubles.	Millions de roubles.
1882-86	93	255	109
1887	58	224	51
1888	62	219	52
1889	75	243	56

Il semble que la brusque élévation du taux moyen du tarif après 1885 a fait baisser l'importation des objets d'alimentation dans la proportion de 50 0/0 au moins. Si l'on recherche dans quel ordre d'importance doivent se classer les objets d'alimentation importés, on voit que la première place appartient au thé ; puis viennent les vins et spiritueux, le poisson, les fruits et légumes, les huiles alimentaires, le café, le tabac.

Presque tous ces articles sont de consommation courante, et par suite les charges se répartissent largement sur la population. Il en est de même pour les matières premières, dont la valeur est représentée, pour la moitié environ, par le coton brut, ce qui indique un progrès considérable de l'industrie locale. Il est vrai que cette industrie s'alimente visiblement au dehors de machines et mécaniques, car cet article représente environ la moitié des importations d'objets fabriqués.

Dans quelle mesure la situation économique de la France peut-elle être comparée à celle de la Russie au point de vue envisagé ici?

La France a un mouvement commercial bien supérieur à celui de la Russie, et, à première vue, la proportion des droits perçus, par rapport au chiffre des importations, est de beaucoup inférieure. C'est ce que montre le tableau ci-dessous :

FRANCE.

ANNÉES.	IMPORTATION (Commerce spécial).	PRODUIT des douanes.	PROPORTION 0/0.	OBSERVATIONS.
	millions de fr.	millions de fr.		
1885	4.090	369	9.0	Le chiffre indiqué
1886	4.210	325	7.7	comme produit des
1887	4.025	335	8.3	douanes est net des
1888	4.110	381	9.3	droits de navigation,
1889	4.315	356	8.2	statistique, sels, etc.

En divisant, comme pour la Russie, les marchandises importées en matières premières, objets d'alimentation et produits fabriqués, on trouve entre elles de grosses différences de traitement.

FRANCE.

ANNÉES.	MATIÈRES PREMIÈRES.			OBJETS D'ALIMENTATION.			OBJETS FABRIQUÉS.			OBSERVATIONS.
	Chiffre des importations.	Droits perçus.	Proportion 0/0.	Chiffre des importations.	Droits perçus.	Proportion 0/0.	Chiffre des importations.	Droits perçus.	Proportion 0/0.	
	Millions de fr.	Millions de fr.		Millions de fr.	Millions de fr.		Millions de fr.	Millions de fr.		Ce tableau a été obtenu par le calcul d'après les éléments fournis par les « Annales duCommerce extérieur», le « Tableau général du Commerce de la France » et les «Documents statistiques publiés par la Direction générale des Douanes».
1885	2.023	52	2.5	1.455	280	20.0	610	37	6.0	
1886	2.082	51	2.4	1.541	249	17.0	585	35	5.9	
1887	2.014	53	2.4	1.423	243	17.0	589	33	5.8	
1888	2.021	56	2.8	1.507	293	19.0	579	32	5.5	
1889	2.263	60	2.7	1.441	263	18.0	613	32	5.2	

Ces résultats ne concordent guère avec ceux constatés pour la Russie. La taxation des matières premières est infiniment au-dessous du taux russe (2 à 3 0/0 au lieu de 16 à 19). Encore y a-t-il lieu de faire observer que le chiffre des matières premières est formé presque en totalité par la taxe sur le charbon (11 millions 1/2 en moyenne) et celle sur les huiles minérales (pétrole et autres), en moyenne 32 millions. La proportion est à peu près la même pour les objets fabriqués (5 à 6 0/0 au lieu de 28 à 30 0/0). Mais, en France comme en Russie, la douane frappe principalement les produits alimentaires, quoique à un degré moindre (18 à 20 0/0 au lieu de 70 à 80 0/0). Si l'on pousse la comparaison plus loin et que l'on se demande quels sont, parmi les articles alimentaires importés, ceux qui représentent en France les valeurs les plus considérables, on voit que ce sont : les vins, les céréales, le café, les fruits, le bétail, le sucre.

Les vins donnent lieu à une réexportation considérable, et par suite les droits payés à l'entrée ne grèvent pas le consommateur français de tout leur poids, tant s'en faut. Les droits sur les céréales ne se répartissent pas avec égalité, car ils frappent surtout les habitants des villes, ceux des campagnes consommant en général leurs propres récoltes. Il en est de même des droits perçus sur les fruits et le bétail. Seuls les droits sur le café et le sucre peuvent être considérés comme pesant indistinctement sur toutes les classes de la population. Il y a donc, de ce chef, une notable différence avec les résultats obtenus en Russie ; dans ces conditions, la comparaison n'est pas exacte, elle reste même tout à fait impossible à établir.

Quant aux États-Unis, voici les indications que la statistique met à notre disposition :

ETATS-UNIS.

ANNÉES.	IMPORTATION (Commerce général).	DROITS perçus.	PROPORTION 0/0.	OBSERVATIONS.
	millions de fr.	millions de fr.		
1885-86	3.477	965	27.7	Les statistiques ne distinguent pas le commerce spécial, ce qui réduit la proportion.
1886-87	3.162	1.072	33.9	
1887-88	3.620	1.095	30.3	
1888-89	3.725	1.119	30.0	
1889-90	3.946	1.148	29.1	

La proportion générale des droits paraît ici encore beaucoup plus élevée qu'en France. Les éléments précis manquent d'ailleurs pour en vérifier les détails. Tout ce que l'on peut affirmer, c'est que les objets d'alimentation y représentent plus du quart des importations, les produits manufacturés, près de la moitié, et les matières premières, moins d'un quart. Parmi cette masse de produits alimentaires et fabriqués, les produits de luxe tiennent une place considérable.

Nous citerons par ordre d'importance :

Le sucre ;	Les lainages ;
Le café ;	Les cotonnades ;
Les fruits ;	Les soieries ;
Le tabac ;	La bijouterie ;
Le thé ;	La papeterie ;
Les vins.	La bonneterie de luxe.

Une bonne partie de ces articles est consommée par la classe riche exclusivement, ce qui rend les moyennes absolument fausses, et sans comparaison possible avec les moyennes françaises.

En Italie, la quotité des droits, déjà élevée avant 1888, a subi à cette date un relèvement considérable. Les effets en sont intéressants à constater. Le tableau suivant indique assez nettement la progression.

ITALIE.

ANNÉES.	IMPORTATION (Commerce spécial).	PRODUIT des douanes.	PROPORTION 0/0.	OBSERVATIONS.
	Millions de fr.	Millions de fr.		
1885-86	1.460	225	15.4	1886 est une année
1886-87	1.453	164	11.2	de crise agricole. En
1887-88	1.605	256	15.9	1888, se place l'applica-
1888-89	1.175	195	16.6	tion du tarif surélevé
1889-90	1.391	254	18.1	de 1887.

Le relèvement marqué du produit des douanes en 1889 résulte surtout de l'augmentation énorme des droits d'entrée sur les boissons. En somme, le tarif protecteur de 1887 a fortement grevé les consommations usuelles, qui représentaient la plus forte part des entrées, et frappé, par suite, assez durement les classes inférieures. On en trouve une preuve frappante dans le mouvement d'importation des tabacs communs et des tabacs fins, qui ont donné, à partir de 1888, des résultats contraires:

	Tabacs en feuilles. (Quintaux.)	Cigares. (Kilog.)
1886	235.000	56.000
1887	158.000	44.000
1888	143.000	56.000
1889	145.000	76.000

La réduction des entrées n'a été que faible et fugitive pour les tabacs fins, elle est considérable et elle se maintient pour les tabacs en feuilles, consommés surtout par les ouvriers. Il en est de même pour la plupart des objets de consommation comme les céréales, le sucre, les poissons, le café, le fromage.

Les céréales, qui forment le premier et le principal article d'importation malgré les droits, ont été surtaxées dans une très forte proportion, comme le prouvent les chiffres ci-dessous :

	Quantités importées. (Tonnes.)	Droits perçus. (Millions de francs.)	Taux par tonne. (Francs)
1887.	1.296.000	28	21.54
1888.	813.000	33	44.25
1889.	1.131.000	50	45.45

Ces indications montrent qu'il existe entre l'Italie et la France des similitudes qui autorisent la comparaison, et permettent de considérer les droits italiens comme plus élevés que les nôtres relativement et absolument, dans leur rapport avec le chiffre des importations.

Pour l'Allemagne, voici le tableau comparatif des recettes douanières et des importations :

ALLEMAGNE.

ANNÉES.	IMPORTATIONS (Commerce spécial). millions de fr.	PRODUIT des douanes. millions de fr.	PROPORTION 0/0.	OBSERVATIONS.
1885-86.	3.670	294	8.00	Résultats provisoires
1886-87	3.596	318	8.02	pour 1889 et 1890.
1887-88	3.888	338	8.07	
1888-89.	4.089	391	9.05	
1889-90.	5.019	476	9.05	

La proportion des droits perçus par rapport au chiffre des importations paraît ici sensiblement égale à celle que nous avons établie pour la France, ou même un peu inférieure. Les éléments nous manquent d'ailleurs pour en vérifier l'exactitude.

La Grande-Bretagne se présente ensuite avec des caractères particuliers.

Les chiffres moyens tombent déjà au premier examen au-dessous des nôtres, mais si nous défalquons du total du produit des douanes les droits sur le tabac, comptés à part en France, la différence s'accentue singulièrement.

GRANDE-BRETAGNE.

ANNÉES.	IMPORTATIONS (Commerce spécial).	PRODUIT des douanes (avec le tabac).	PROPORTION 0/0.	PRODUIT des douanes (sans le tabac).	PROPORTION 0/0.
	millions de fr.	millions de fr.		millions de fr.	
1885-86.	7.341	496	6.76	276	3.76
1886-87.	7.572	507	6.70	270	3.58
1887-88.	8.090	495	6.12	274	3.39
1888-89.	9.024	505	5.60	280	3.10
1889-90.	8.913	517	5.80	287	3.22

En réalité les deux situations ne sont nullement comparables. En France, un grand nombre d'articles sont taxés, et ils le sont inégalement ; par suite les chiffres moyens ne représentent rien de précis. En Angleterre, on ne trouve qu'un très petit nombre d'objets soumis aux droits de douane, tous sont des articles de consommation, la plus grande partie des articles de luxe. C'est ce que montre le tableau ci-dessous, qui donne la répartition des droits perçus sur tous les articles importants :

ANGLETERRE.

Produits en millions de francs.

ARTICLES.	1886-1887.	1887-1888.	1888-1889.	1889-1890.
Tabac.	236.7	221.3	225.3	230.0
Thé.	112.9	115.3	115.7	112.0
Rhum.	49.6		49.4	55.5
Eau-de-vie.	33.8	105.9	31.4	33.0
Autres spiritueux . . .	22.7		26.6	28.0
Vins.	28.2	27.2	30.3	33.0
Raisins de Corinthe . .	7.8	7.9	8.9	8.0
Café.	4.9	4.4	4.7	4.5
Raisins frais.	4.2	4.8	4.3	4.5
Autres articles.	7.0	8.0	8.4	9.0

La Belgique comme l'Angleterre provoque un certain nombre de remarques intéressantes : d'abord, la moyenne des droits perçus par la douane, comparée à ce qui se passe en France, semble extrêmement faible. Elle n'était guère que 2 0/0 du total des importations.

BELGIQUE.

ANNÉES.	IMPORTATION (Commerce spécial).	PRODUIT des douanes.	PROPORTION 0/0.
1885	1.347	28	2.1
1886	1 335	28	2.1
1887	1.432	29	2.0
1888	1.534	31	2.0
1889	1.557	31	2.0

Mais cette indication sommaire ne suffit pas, il faut, s'il est possible, entrer dans le détail de la répartition de ces droits, pour les comparer plus exactement aux nôtres. C'est là une opération délicate et d'autant plus que les statistiques fournies par l'administration des douanes belges ne répartissent point comme la douane française les marchandises en trois grandes catégories, mais se bornent à les diviser en matières animales, végétales ou minérales, chaque division étant elle-même subdivisée en un certain nombre de classes. Il a donc fallu pour dégager les chiffres fournis dans le tableau suivant totaliser les droits perçus sur chaque article d'importation et les valeurs des produits importés après les avoir classés suivant le plan adopté par l'administration française. Ces calculs n'ont été faits que pour la seule année 1888, mais les résultats ne doivent pas varier d'une année à l'autre dans une proportion bien considérable.

	Importation.	Droits perçus.	Proportion.
	Millions de francs.	Millions de francs.	0/0
Matières premières.	663	4.1	0,6
Objets d'alimentation.	575	11.1	1,6
Produits fabriqués.	296	15.8	5,3

En se reportant à ce qui a été constaté en France on voit que les matières premières ne payent presque rien en Belgique, à peine le quart de ce que paye le consommateur français, mais que toute la différence est fournie par les droits sur les huiles minérales et sur le charbon. En défalquant en effet du total les droits perçus sur ces deux articles et la valeur de leur importation du chiffre total d'importation des matières premières on arrive précisément au même résultat. Nous avons fait ce calcul pour la France en 1889 et nous avons trouvé comme proportion des droits perçus comparés à l'importation ce même chiffre moyen de 0,6 0/0. Il est vrai que, si l'impôt douanier sur le charbon est onéreux surtout pour l'industrie, la taxe sur les huiles de pétrole et de schiste était, jusqu'à ces derniers temps au moins, supportée intégralement par la classe ouvrière qui seule en France consommait ce produit. Ce n'est que tout récemment que des procédés plus perfectionnés de raffinage ont permis au pétrole de trouver quelques débouchés dans les classes riches ou moyennes de la population.

Les objets alimentaires sont aussi très faiblement taxés, dix fois moins qu'en France, tandis que les produits manufacturés ont à supporter dans les deux pays des charges sensiblement égales. Encore faut-il remarquer que parmi ces derniers le tabac fournit à lui seul plus de six millions, près de moitié. Voilà donc un pays où la situation semble bien comparable avec la nôtre, et où les taxes sont évidemment beaucoup plus réduites que chez nous.

En résumé, l'étude détaillée des faits nous prouve qu'il est impossible d'accepter comme rigoureuse la seconde déduction tirée de notre tableau de la page 4.

Ces faits sont si complexes, en effet, qu'ils échappent presque à l'analyse. Il manque trop d'éléments de comparaison pour pouvoir faire des rapprochements rigoureusement exacts. Au point de vue particulier de la protection accordée à l'industrie de chaque pays un examen minutieux montrerait que les charges se répartissent très inégalement sur les différentes classes de la population et que ce n'est pas nécessairement dans ceux où les taxes douanières sont les plus élevées que ce caractère de protection se manifeste le plus clairement. C'est ce que nous nous efforcerons d'établir brièvement dans la dernière partie de cette étude.

III.

Comparaison du taux moyen par tête des taxes de douane.

Ici encore le classement des pays étudiés subit une modification. La France arrive en 3ᵉ rang, parmi les pays les plus chargés. Voici d'ailleurs le tableau correspondant à cet ordre d'idées :

PAYS.	ANNÉES.	PRODUIT de douanes.	POPULATION.	PROPORTION par tête.
		millions de francs.	millions.	fr. c.
États-Unis..	1889	1.148	62	19.15
Angleterre	»	517	38	13.80
France..	»	356	39	9.25
Italie.	1890	276	31	8.90
Allemagne	1889	357	50	7.15
Belgique..	»	31	6	5.01
Russie..	»	346	94	3.60

Ces chiffres moyens ont besoin, comme les précédents, d'être étudiés attentivement, en tenant compte des éléments accessoires qui vont nous en révéler la valeur.

Les États-Unis paraissent venir en tête avec un quantum de 19 fr. 15 par tête d'habitant. Observons d'abord que cette moyenne est fausse d'une manière générale, en ce sens que les habitants de l'Union sont loin de payer exactement la même portion de droits de douane, par suite de différences inévitables dans leur consommation. Mais cette inexactitude d'ensemble est accentuée encore par ce fait, déjà constaté, que les importations américaines sont constituées principalement par des objets de luxe : vins, soieries, lainages fins, cotonnades imprimées, etc. Par suite, une très grosse partie du produit des douanes se répartit sur la classe riche exclusivement et la grève d'un poids d'autant plus lourd, tandis que les autres classes de la population ne payent rien ou presque rien à la douane.

Si, procédant comme nous l'avons fait plus haut, nous prenons la France comme terme de comparaison, nous voyons que la plus forte partie des droits de douane est soldée par des articles de consommation courante, comme les céréales, les vins, le café, etc., dont la charge se répartit beaucoup plus largement sur la population. Comment comparer, dès lors, cette moyenne de 9 à 10 francs à celle des États-Unis? C'est chose impossible évidemment, car les deux faits ne sont pas semblables.

Que dire maintenant de la Grande-Bretagne, où les articles taxés, défalcation faite du tabac et du thé, sont presque exclusivement de luxe. Il est certain que beaucoup d'Anglais ne boivent jamais de *Claret* ni de *Porto*, et ne consomment guère de raisins ou même de café. Encore faudrait-il distinguer parmi les tabacs ceux que le peuple ne connaît que pour les voir aux vitrines des marchands. Ici encore, la comparaison est évidemment fallacieuse, inexacte.

On peut en dire à peu près autant de la Russie où l'importation des produits de luxe tient également la première place, ce qui fausse la moyenne indiquée au point de la rendre illusoire. Pour l'Italie, l'Allemagne, les éléments semblent, au contraire, mieux comparables, car dans ces divers pays, comme en France, les objets de consommation représentent une portion considérable des entrées, et sont fortement taxés. Mais dans ces pays, comme chez nous du reste, la moyenne ne donne encore qu'une indication très inexacte, car les taxes douanières perçues sur les objets d'alimentation sont acquittées surtout par la population des villes. Celle des campagnes y échappe presque complètement.

En ce qui concerne la Belgique, nous avons constaté que les produits manufacturés sont plus lourdement taxés que les articles d'alimentation. Par suite la répartition de la taxe par tête ne s'effectue plus dans les mêmes conditions. Comparer la moyenne belge avec la nôtre, c'est donc mettre en regard deux faits de structure différente et accepter pour vraie une apparence vaine.

Il résulte de ces rapides observations que l'ordre indiqué par notre dernier tableau est, comme pour les autres, tout apparent, sans réalité et qu'on ne peut le prendre tel quel, pour en tirer argument. Il faudrait d'abord l'admettre à correction, et, on s'apercevrait alors que, dans plusieurs cas, la comparaison exacte étant à peu près impossible, il devient également impossible de raisonner avec certitude sur des éléments aussi variables, influencés par des circonstances aussi disparates.

Nous arrivons de la sorte à constater que nos conclusions du début, établies sur les chiffres élémentaires d'un tableau pris comme base unique d'appréciation, étaient toutes également hasardées et même fausses par plus d'un côté. La France n'a nullement, par rapport aux autres pays, la situation relative que ce tableau semblait lui assigner. Cette situation est à certains points de vue moins favorable que l'apparence; à d'autres points de vue, l'enchevêtrement des faits rend la comparaison à peu près impossible. Il est donc téméraire de formuler des conclusions aussi nettes et précises que celles du tableau primitif, c'est à peine si l'on peut en déduire des indications partielles et approximatives.

On voit d'ailleurs par ces exemples, combien sont multiples les éléments de complication en pareille matière, et avec quel soin il faut observer un à un les faits pour arriver à une comparaison à peu près équitable. Nous disons *à peu près*, parce qu'il faut encore tenir compte des erreurs de chiffres, des divergences dans les procédés d'évaluation des produits soumis aux droits, enfin de la diversité des combinaisons administratives, diversité qui se traduit par des différences importantes dans les résultats statistiques.

L'observateur désintéressé, obligé de marcher au travers de toutes ces difficultés, sent à chaque instant le sol fléchir sous ses pas; bien souvent il hésite sur la direction à suivre, les points de repère précis lui manquent. Il s'arrête indécis et n'ose exprimer une opinion absolue sur la similitude et la comparaison de faits qui peuvent se trouver différenciés, au fond, par une cause invisible ou incomprise. On peut juger par là de la valeur des appréciations basées sur des calculs superficiels, hâtifs, établis sans réflexion ni critique.

15 Octobre 1891.

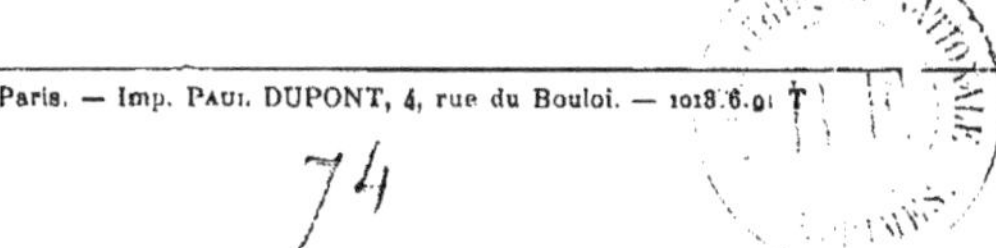

Paris. — Imp. PAUL DUPONT, 4, rue du Bouloi. — 1018.6.91